DIESES BUCH GEHÖRT:

MEIN TRAUMVEREIN:

Thomas Müller wurde 1989 in Weilheim geboren und spielt seit dem Jahr 2000 beim FC Bayern München, mit dem er Champions-League-Sieger und mehrmals Deutscher Meister und Pokalsieger geworden ist. 2014 hat er mit der deutschen Nationalmannschaft die Fußball-Weltmeisterschaft in Brasilien gewonnen. 2018 ist sein erstes Kinderbuch im Verlag Friedrich Oetinger erschienen.

Julien Wolff, 1983 in Hamburg geboren, arbeitet als Sportjournalist für die Zeitungen „Die Welt" und „Die Welt am Sonntag" und berichtet über den FC Bayern und die Nationalmannschaft. Er lebt in München.

Jan Birck, 1963 in München geboren, arbeitete nach dem Fachabitur in Gestaltung und einem kurzen Ausflug in die Architektur als Werbeillustrator, Zeichner, Background-Artist und Art Director in der Trickfilmbranche. Er hat zahlreiche Kinderbuch-Bestseller illustriert und geschrieben und lebt mit seiner Familie in München.

Thomas Müller

MEIN WEG ZUM TRAUMVEREIN

In Zusammenarbeit mit
Julien Wolff

Mit Bildern von
Jan Birck

Verlag Friedrich Oetinger · Hamburg

Inhalt

Hallo Leute!

Ich bin's, euer Thomas.

In diesem Buch
möchte ich euch erzählen,
wie ich es zu meinem Traumverein
geschafft habe.

Zehn Jahre alt war ich damals.
Aus unserem Dorf
ging es für mich
in die große Stadt.
Nach München.
Total aufregend war das.

Als Fußballer habe ich
schon viel erlebt.

Ich bin Deutscher Meister
und Pokalsieger geworden.
Ich habe mit meinem Verein
die Champions League gewonnen.
Und mit Deutschland
die Weltmeisterschaft.

Doch ich werde nie vergessen,
wie alles angefangen hat.

Ich wünsche euch viel Spaß
mit meinem Buch.
Alles Gute! Und bleibt sportlich!

Euer **THOMAS**

1. Das Super-Turnier

Ich lege mir den Ball vor
und laufe, so schnell ich kann.
Der Rasen ist total nass und glitschig.
Nur noch ein paar Meter bis zum Tor.

Achtung jetzt!
Ein Verteidiger grätscht mir entgegen.
Ich springe über sein Bein
und nehme den Kopf hoch.
Rechts oben!
Da muss der Ball hin.

Ich lege meine ganze Kraft
in den Schuss und ziehe ab.
Wuuuums!

Der Torwart hat keine Chance.
Der Ball zappelt im Netz.
1:0 für uns, den TSV Pähl!
Wir führen im Finale
des Bezirks-Turniers!

Keiner hat uns zugetraut,
überhaupt ins Endspiel zu kommen.
Und jetzt liegen wir vorn.

Aber unser Gegner hat
noch längst nicht aufgegeben.
Wütend rennt er an
und drängt auf den Ausgleich.

„Nicht nachlassen!
Wir müssen jetzt alle
der Abwehr helfen“,
rufe ich den anderen Jungs
aus meiner Mannschaft zu.
Und laufe aus dem Mittelfeld
mit nach hinten.

Wir verteidigen gut.
„Super, so schaffen wir es!“, rufe ich.
Ich laufe wieder weiter vor
und lauere am Strafraum
auf meine nächste Chance.

Doch kurz vor Schluss
verlieren wir den Ball.
Und der Stürmer der Gegner
läuft frei auf unser Tor zu!

Nein! Das darf doch
nicht wahr sein, denke ich.
Der Junge schießt – und trifft
nur den Pfosten.
Puh! Glück gehabt!

Jetzt pfeif endlich ab!,
möchte ich dem Schiedsrichter
am liebsten zurufen.
Dann ist es endlich so weit.
Das Spiel ist aus!

Alle Jungs aus meiner Mannschaft
laufen jubelnd zu mir
und begraben mich unter sich.

Wir haben es gepackt!
Wir haben die Sensation geschafft.
Wir haben mit unserem kleinen Verein
das Bezirks-Turnier gewonnen.

Wahnsinn!

Jetzt dürfen wir
am nächsten Wochenende
bei einem noch größeren Turnier
mitspielen.
Da sind die ganz bekannten
Klubs dabei.
Und wir: der kleine TSV Pähl.
Was für eine irre Geschichte!

2. Die große Chance

Am Abend sitzen wir zu Hause
beim Essen am Küchentisch.
Meine Mama Klaudia,
mein Papa Gerhard,
mein kleiner Bruder Simon
und ich.

Plötzlich legt Mama
mir die Hand auf die Schulter.
„Thomas, ein Talent-Späher aus
München hat dich
heute spielen sehen.“

Mama erzählt, dass der Mann
beim Turnier direkt neben ihr saß.
„Er hat mir gesagt, dass er dich
zum Probe-Training einladen möchte,
wenn du weiterhin
so gut spielst wie heute.“

Ein Probe-Training
bei meinem Traumklub aus München!
Die Profi-Mannschaft von denen
ist die beste in ganz Deutschland.
Das ist der Hammer!

Seit Jahren schlafe ich
in der Bettwäsche des Vereins.
In der Schule trage ich
sein rot-weißes Trikot.
Das haben mir Mama und Papa
zum Geburtstag geschenkt.

Auch meine Freunde und Verwandten
sind riesige Fans der Mannschaft.

Ich springe vom Stuhl auf.
Mein Butterbrot werfe ich dabei
vor Freude durch die Luft.
„Denen werde ich es zeigen
beim Probe-Training!“, rufe ich.

Am liebsten würde ich
gleich morgen früh dort vorspielen.
In der letzten Saison habe ich 90 Tore
für meinen TSV Pähl geschossen.

Aber ich weiß: Jetzt muss ich mich
noch mehr anstrengen.

3. Der Talent-Späher

Bei dem großen Turnier
eine Woche später
spielen nur die besten Mannschaften.
Die Tribünen sind voller Menschen.

Sogar Reporter und Fotografen
sind da.
Das Turnier kennen bei uns
alle Kinder.
Und alle wollen dort mal spielen.

Die ersten Spiele gewinnen wir.
Vor dem Viertelfinale
zeigt Mama mir den Talent-Späher.

Er steht neben dem Spielfeld
und hält ein Notizbuch
und einen Stift in den Händen.

Im Spiel sehe ich, wie er mich
ganz genau beobachtet.
Ich konzentriere mich
noch mehr als sonst.
Der Talent-Späher soll
den besten Thomas
aller Zeiten sehen!

Ich grätsche.
Ich passe.
Ich schieße.

Auch meine Mitspieler geben alles.
Trotzdem liegen wir
zur Halbzeit 0:1 hinten.

Und nach dem Seitenwechsel
wird es noch schlimmer.
Am Ende verlieren wir 0:3
und fliegen raus.

Enttäuscht sitzen wir
nach dem Spiel
in der Kabine.

Die andere Mannschaft
war einfach besser.
Leider.

„Jungs, Niederlagen
gehören zum Fußball“,
sagt unser Trainer.

Stimmt! Wir haben es
mit dem kleinen TSV Pähl
bis hierhin geschafft.
Das ist doch super!

„Wir können stolz sein“,
sage ich deshalb
zu meinen Mitspielern.

Die anderen Jungs nicken.
Und ein paar können
schon wieder lachen.

Aber ich bin nicht nur stolz,
ich habe auch Angst.
Angst, dass der Talent-Späher
mich jetzt nicht
zum Probe-Training einlädt.
Weil wir verloren haben.

Deswegen bin ich
auf der Rückfahrt im Auto
erst mal ganz still.

Mama spürt, dass ich Angst habe.
Sie lächelt mich an.
„Der Talent-Späher hat mir
eben gesagt,
dass du wieder gut gespielt hast.
Das Ergebnis ist ihm nicht so wichtig.
Nächste Woche sollst du
zum Probe-Training kommen!“

Ich bin total erleichtert
und drücke Mama vor Freude
einen Kuss auf
die Wange.

4. Das Probe-Training

Eine Woche später
fahren Mama und ich
mit dem Zug nach München.
Nach einer Stunde
sind wir endlich da.

Das Klub-Gebäude ist
noch riesiger als unsere Schule.
Die Kabine hier ist viel größer
als die zu Hause in Pähl.

An die Wände ist
das Klub-Logo gemalt.
Und alles ist total sauber.

Der Platzwart hat
den Trainings-Platz perfekt gemäht.
Maulwürfe gibt es hier wohl nicht.

Und gleich nebenan
ist der Trainings-Platz der Profis.
Hoffentlich sehe ich bald mal
die Stars!

Im Probe-Training
sollen wir uns die Bälle
ganz genau zuspielen.

Ich bin nervös.
Genau wie einige
der anderen Kinder.

Manche sind aber auch
total ballsicher
und machen kaum Fehler.
Die sind wohl schon
länger hier im Verein.

Am Anfang spiele ich
leider gleich einen Fehlpass
und schieße aus zehn Metern
neben das Tor.

Mann, was ist bloß
mit mir los?!

Doch ein paar Minuten später
bin ich schon besser drauf.
Ich habe mich an
das schnellere Tempo gewöhnt.

Beim TSV Pähl
bin ich der beste Stürmer.
Aber hier sind alle Spieler Top-Talente.

Die Verteidiger sind total stark.
Gegen ihre Beine sind meine
so dünn wie Zahnstocher.
Aber das ist okay.
Denn wo keine Muskeln sind,
kannst du dir auch nicht wehtun.

Trotzdem kann ich mich hier nicht so einfach durchdribbeln wie in Pähl. Dafür bin ich etwas größer als die anderen. Das versuche ich auszunutzen und den Ball oft zu köpfen.

Am Ende des Trainings passe ich
einem unserer Mittelfeld-Spieler
den Ball perfekt in den Lauf.
Er netzt eiskalt ein.

Danach beendet der Trainer
das Training mit einem Pfiff.

In meinem Kopf
geht alles durcheinander.
Nehmen die mich?
Bin ich im Team?
Manche Dinge sind mir
gut gelungen, andere nicht.
Als ich in die Kabine gehe,
bin ich total unsicher.

5. Ein Traum wird wahr

Nach dem Training
holt mein Papa mich ab.
Er arbeitet hier in der Stadt
und kommt mit dem Motorrad.
Er trägt eine schwarze Hose
und eine schwarze Lederjacke.

„Guckt mal,
der Schornsteinfeger kommt!“,
rufen meine Mitspieler
und winken ihm zu.
Wir lachen.
Jetzt hat Papa wohl
einen neuen Spitznamen.

Auch andere Eltern holen
ihre Kinder ab.
Heute haben zehn Jungs
das Probe-Training gemacht.

Der Trainer ruft alle zusammen.
Vorhin hat er uns erklärt,
dass er uns nach dem Training sagt,
wer im Verein bleiben darf.

Bitte!, denke ich. Bitte nehmt mich,
ich will unbedingt für euch spielen!
Meine Hände zittern,
so gespannt und aufgeregt bin ich.

Die Sekunden kommen mir vor
wie Stunden.
Das ist der aufregendste Tag
in meinem Leben!

Dann geht es endlich los.
Der Trainer kommt auf Papa
und mich zu.
„Thomas, du hast klasse trainiert“,
sagt er.
Und?, denke ich.
Was kommt jetzt?
Habe ich gut trainiert,
aber es hat trotzdem nicht gereicht?

Dann sagt der Trainer
die alles entscheidenden Worte:
„Wir wollen dich haben."

Ich kann es kaum fassen.
Mein Traum ist
tatsächlich wahr geworden!
Sie wollen mich!
Den Thomas aus Pähl!

Ich bin so glücklich wie noch nie
und nehme mir eines ganz fest vor:
Ich werde hier in München
alles geben!

ENDE

Willkommen in der

LESESTARTER

Rätselwelt

Hast du Lust auf noch mehr Lesespaß?

Dann schau dir die tollen Rätsel und spannenden Spiele auf den nächsten Seiten an!

Viel Spaß wünscht dir dein

THOMAS

Lösungen auf Seite 60–61

Schusstraining

Spiel für draußen

Du brauchst:

1 Fußball
10 Plastikbecher
Kreide oder etwas zum Markieren

Zeichne eine Linie oder lege eine Markierung auf den Boden. Dies ist deine Schusslinie. Stelle die Becher nun in einiger Entfernung davon auf.

Spiel 1:

Wie viele Versuche brauchst du, um alle Becher umzuschießen? Kannst du dich in einem zweiten Durchgang steigern?

Spiel 2:

Spielt zu zweit und schießt abwechselnd. Wer erzielt die meisten Treffer?

A
B
C
D
E
F
G
H
I
J
K
L
M
N
O
P
Q
R
S
T
U
V
W
X
Y
Z

Beispiel: **U P S → T O R**

T D I V T T __ __ __ __ __ __

T Q J F M __ __ __ __ __

U S J L P U __ __ __ __ __ __

W F S F J O __ __ __ __ __ __

**Entziffere die Geheimschrift.
Ersetze jeden Buchstaben
durch seinen Vorgänger.**

Geheimschrift

LESESTARTER

Weltmeister-Quiz

Kennst du dich aus?
Trage die richtigen Buchstaben beim Lösungswort ein.

In welchem Jahr wurde Thomas Müller mit Deutschland Weltmeister?	2014	T
	2016	M
In welchem Land fand diese Weltmeisterschaft statt?	Spanien	U
	Brasilien	O
Was durfte Thomas Müller am Ende der Weltmeisterschaft hochhalten?	Meisterschale	N
	WM-Pokal	R

Lösungswort: ☐ ☐ ☐

Tor **Ball** **Pokal** **Traum**

Tor		Pokal	Ball
	Ball		Traum
	Pokal	Traum	
Traum			

Schreibe in jede Richtung jedes Wort einmal (↔↕↖ ↗).

Fußballsudoku

LESESTARTER

LESESTARTER

Kreuzworträtsel

Löse das Rätsel und erfahre, was Thomas Müller als WM-Torschützenkönig bekam

1. Mit seinem Verein wurde Thomas Müller Meister in der Bundes… .
2. Der Talent-Späher lädt Thomas Müller zum …-Training ein.
3. Als Kind spielte Thomas Müller beim TSV … .
4. Thomas Müllers Mama heißt … .
5. Beim TSV Pähl ist Thomas Müller der beste … .
6. Thomas Müllers Traumverein ist in … .
7. Thomas Müllers Papa trägt eine schwarze Lederjacke und eine schwarze … .
8. Der Trainer sagt: „Wir wollen dich … .“

Thomas Müller bekam den …

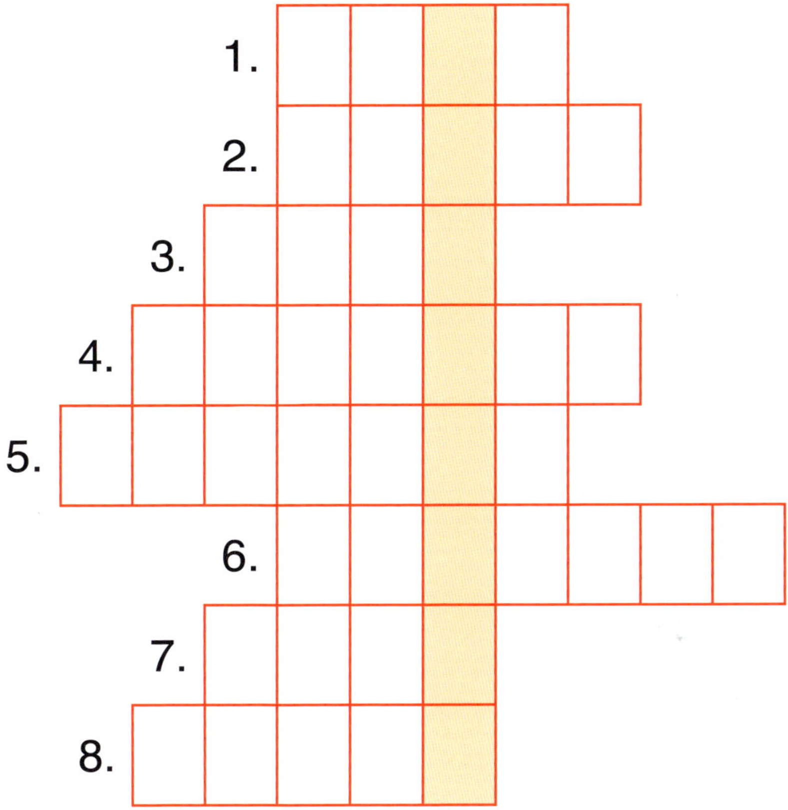

__ __ __ __ __ __ __ __ **Schuh.**

Geburtstagsrätsel

Welcher Weg führt von Pähl nach München?

Sammle die Zahlen
auf dem richtigen Weg ein.
Dann erfährst du,
wann Thomas Müller geboren ist.

_ _ . _ . _ _ _ _

Pähl
1
3
1
7
9
5
9
9
8
München

LESESTARTER

Vereinsdrinks

Hast du Lust auf einen Fuß-ball-Drink?

Du brauchst:
1 Glas
Apfelsaft
Mineralwasser
Waldmeistersirup
Strohhalm
grünes Papier
Klebefilm
Papier, Stift, Schere

Male das Logo deines Lieblingsvereins auf das Papier und schneide es aus. Klebe es am oberen Drittel des Strohhalms fest.
Schneide aus dem grünen Papier einen zackigen Grasstreifen aus und befestige ihn am unteren Rand des Glases.
Fülle das Glas halb mit Apfelsaft und gib 2 Esslöffel Waldmeistersirup dazu. Rühre um und fülle das Getränk mit Mineralwasser auf.
Stecke den Strohhalm hinein und genieße deinen Drink eisgekühlt.

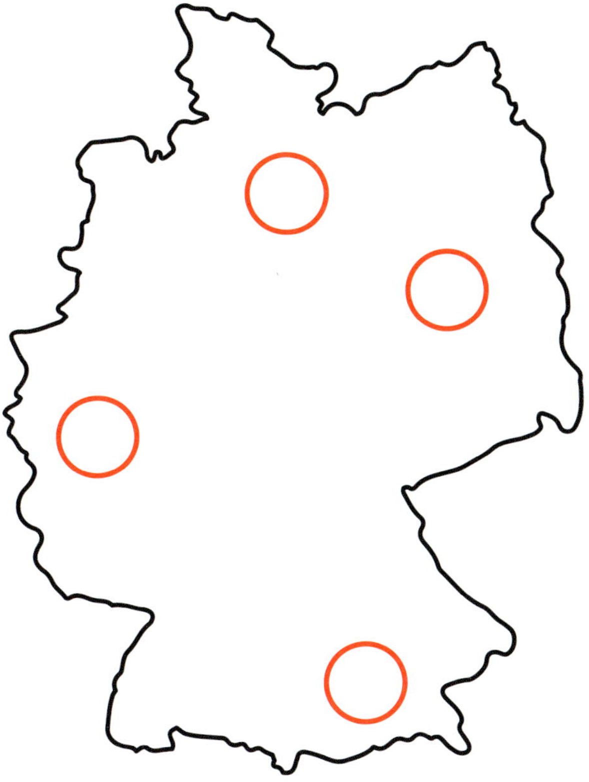

1 Hamburg

2 Berlin

3 München

4 Köln

In diesen Städten gibt es große Fußballvereine. Kannst du die Nummern zuordnen?

Fußballkarte

LESESTARTER

LESESTARTER

Würfelspiel

Spiel für zwei.
Wer schießt das Siegtor?

Du brauchst: 2 Würfel
10 Spielfiguren
(oder Kieselsteinchen)

Stellt die Spielfiguren auf die Zahlenfelder. Würfelt abwechselnd. Würfelst du eine 1, dann muss dein Gegner seine Spielfigur, die auf der 1 steht, wegnehmen. So versucht ihr euch gegenseitig auszudribbeln.

Hast du alle Spielfiguren deines Gegners vom Platz gespielt, fehlt nur noch der Torschuss. Versuche nun, mit beiden Würfeln einen Pasch (2 gleiche Zahlen) zu würfeln, um ein Tor zu erzielen.

Wer das erste Tor schießt, hat das Spiel gewonnen!

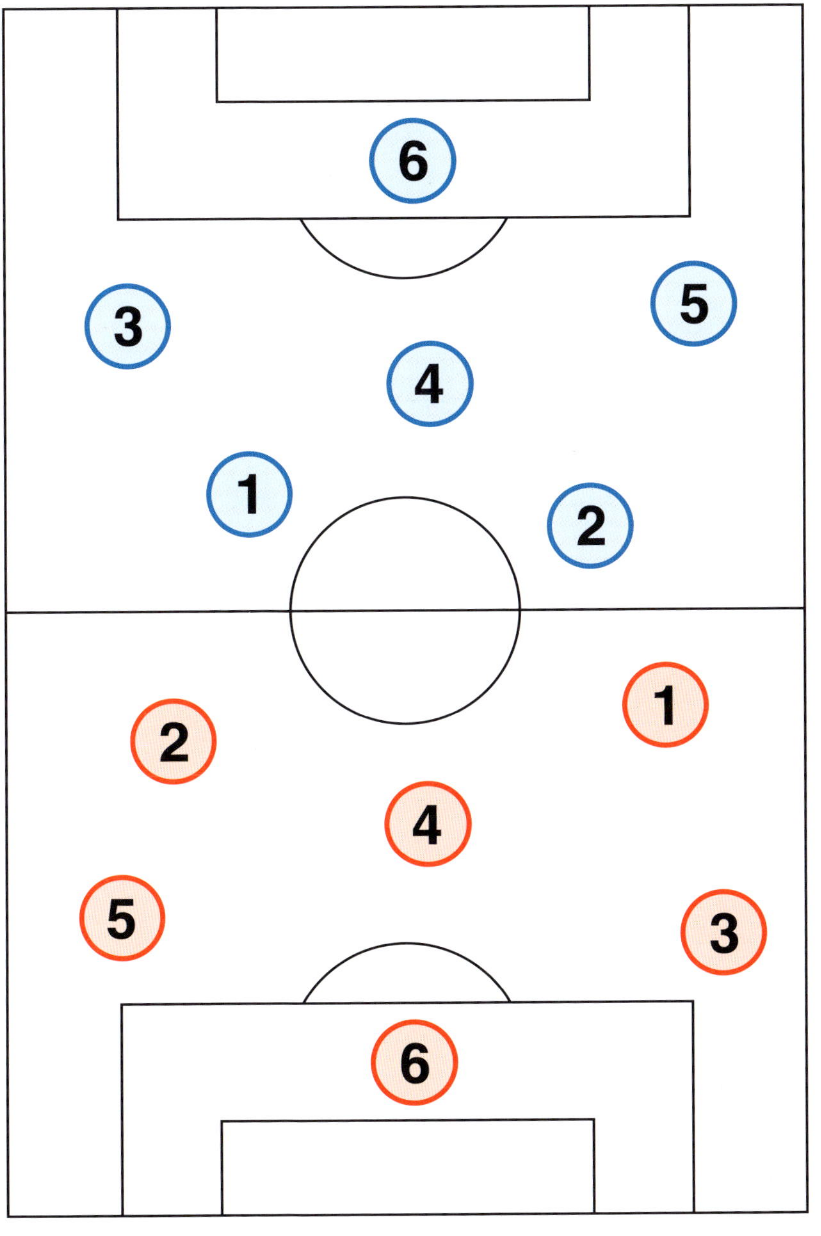
6
3
5
4
1
2
1
2
4
5
3
6

LESESTARTER

Lösungen

Alle Rätsel gelöst? Hier findest du die richtigen Antworten.

Seiten 54–55 · Geburtstagsrätsel

13.9.1989

Seite 57 · Fußball-Karte

Seite 49 · Geheimschrift

Schuss
Spiel
Trikot
Verein

Seite 50 · Weltmeister-Quiz

Lösungswort: TOR

Seite 51 · Fußball-Sudoku

Tor	Traum	Pokal	Ball
Pokal	Ball	Tor	Traum
Ball	Pokal	Traum	Tor
Traum	Tor	Ball	Pokal

Seiten 52–53 · Kreuzworträtsel

1.				L	I	**G**	A			
2.				P	R	**O**	B	E		
3.			P	Ä	H	**L**				
4.		K	L	A	U	**D**	I	A		
5.	S	T	Ü	R	M	**E**	R			
6.				M	Ü	**N**	C	H	E	N
7.			H	O	S	**E**				
8.		H	A	B	E	**N**				

Lösung: Thomas Müller bekam den **Goldenen** Schuh.

FSC
www.fsc.org
MIX
Papier | Fördert gute Waldnutzung
FSC® C002795

Originalausgabe
7. Auflage

Max-Brauer-Allee 34, 22765 Hamburg

Druck und Bindung: Livonia Print SIA,
Jūrkalnes iela 15/25, LV-1046 Riga, Lettland
Printed 2024
ISBN 978-3-7891-1379-6

www.oetinger.de